AF198910

„Der rote Guru"

Ein Buch von
Michael Kern

© 2017 – Text und Gestaltung
Michael Kern

Cover & Fotos:
Michael Kern

Herstellung und Verlag
BoD – Books on Demand, Norderstedt

ISBN 9783744836463

__Vorwort:__

Herzlich willkommen und liebe Grüße.

Mein Name ist Max, der rote Guru.
Es freut mich, dass du meinem Ruf gefolgt bist und zu meinem Werk gefunden hast. Über die letzten Jahre hinweg habe ich viele meiner Weisheiten gesammelt, die nun auch endlich in mein erstes Buch gefunden haben. Ich hoffe, dass du mit der einen oder anderen Weisheit etwas anfangen kannst und sie dich dazu bewegt, einmal anders oder einfach neu über die Dinge nachzudenken.

Vieles von dem, was von uns als wahr geglaubt wird, ist gar nicht so steif und starr, wie wir oft denken. Wer loslassen kann, von altem wahr Geglaubten, wird sehr schnell erkennen, dass es noch viel mehr gibt, als zuvor noch von uns geglaubt wurde.

Vieles von dem, was fest mit uns verbunden bzw. tief in uns verankert scheint, ist zudem nicht immer sehr hilfreich in unserem Leben. Ganz im Gegenteil, denn manches davon macht uns genauso steif und starr und bereitet uns zudem nicht selten seelischen Schmerz, weil wir einfach nichts anderes zulassen wollen oder können.

Loslassen und sich auf Neues einzulassen ist die Zauberformel, die unsere Kinder noch gut beherrschen und es ist auch jene Formel, die uns im späteren Leben wieder ein Stück weit zurück in unsere Freiheit führen kann.

Egal ob es sich dabei um einen Menschen oder ein Tier handelt.

In diesem Sinne wünsche ich dir alles Gute und viel Freude mit meinem ersten Buch.

Dein Max, der rote Guru.

Der rote Guru meint:

„Seelenschmerz – der Ausdruck jener
Themen, die viel lieber gesehen, verstanden
und geheilt werden möchten, anstatt weiterhin
ignoriert und verdrängt zu werden."

„Es ist nicht so wichtig was es ist,
sondern was du daraus machst."

„Sei du selbst der Kater,
den du gerne treffen möchtest."

„Je mehr der Mensch denkt,
umso weniger fühlt er."

„Um das, was du heute zu viel isst,
wirst du morgen dicker sein.
Essen erschafft auch Realität."

„Wenn das Tier und der Mensch
etwas gemeinsam haben, dann ganz
sicher die Liebe."

Der rote Guru meint:

„Katzenwäsche - rein oder nicht rein,
das ist hier die Frage."

„Der Glaube versetzt Berge.
Die Liebe versetzt Universen."

„Das Leben ist manchmal wie eine
Dose Katzenfutter.
Man weiß nie was man bekommt
bzw. was genau darin enthalten ist."

„Damit du erkennen kannst,
dass die Welt im Außen dein Spiegel ist,
musst du erst nach Innen schauen."

„Wenn ich eins weiß,
dann das, dass der Mensch nichts weiß."

Der rote Guru meint:

„Die eigene Wahrheit ist lediglich ein Konzept von dem, was so sein soll. Ein Gedanke über etwas, was nur so sein kann und nicht anders. Die Wirklichkeit hat selten etwas mit Gedanken zu tun und ist in ihrer Reinheit nur durch das gedankenlose Betrachten zu erkennen. Jeder Gedanke über das Gesehene verzerrt sogleich das Bild der Wahrheit, weil die Gedanken in der Regel nicht neutral sind, sondern dazu tendieren alles zu verfremden, indem sie es benennen und einordnen. Dieser Vorgang ist nicht so einfach zu begreifen, doch das meiste von dem, was sich der Mensch selbst als wahr und real erklärt, ist lediglich ein Konzept von dem was er zu glauben sieht. Doch erkläre dies einmal einem Menschen, der so tief in seinen eigenen Gedanken verankert ist und nicht den Unterschied erkennt. Versuche es und du wirst scheitern. Viele der Menschen nutzen nicht ihre Gedanken, sondern werden eher von ihnen benutzt, ohne es auch nur ansatzweise zu erkennen.“

Der rote Guru meint:

„Die Welt existiert in dir.
Wenn es dich nicht mehr gibt,
gibt es auch keine Welt mehr."

„Menschen spielen schon
merkwürdige Spiele.
Wie zum Beispiel Fußball.
Erst rennen 22 Spieler dem Ball
hinterher und wenn ihn jemand am Fuß hat,
dann schießt er ihn gleich wieder weg."

„Wer die Sprache der Liebe spricht,
braucht keine Worte."

„Glaube nicht jedem Blinden,
was er sieht."

„Wer selbst zur Liebe geworden ist,
benötigt keine Liebe
mehr von Außen.
Umso schöner erscheint es, Liebe zu
verschenken und sie von
allem zu empfangen.
Am schönsten erscheint es, in
gemeinsam geschenkter Liebe zu
schwimmen."

Der rote Guru meint:

„Wenn du selbst zum Wunder wirst,
werden auch Wunder in dein Leben treten."

„Das Leben ist wie ein
Schluck Wasser.
Gesegnet mundet es noch besser."

„Betrachte deine Ehe wie dein(e) Kind(er)
und sie wird immer wieder neu erblühen."

„Wenn es dir an Liebe fehlt und du dich
ständig lieblos fühlst, werden deine Kinder in
Lieblosigkeit aufwachsen."

„Du sollst den Abend nicht vor
dem letzten Füttern loben."

„Nichts kann besser sein, als
das, was ist,
denn es ist, was es ist."

Der rote Guru meint:

„Zerstöre nicht den Spiegel für sein
Spiegelbild, das er dir zeigt.

Töte nicht den Postboten für den
schlimmen Brief, den er dir bringt.

Töte nicht den Arzt für
seine Diagnose,
die er in deinem Auftrag erstellte.

Töte nicht alle Boten für ihre
Botschaften an dich.

Töte den in DIR, der alle anderen für die
schmerzhaften Wahrheiten töten möchte.

Töte den Feind in dir,
indem du ihn zu deinem Freund machst
und ihn danach verstehst."

„Es gibt Menschen, die selbst an der
schönsten Schönheit Fehler suchen,
um dadurch ihre persönliche Bestätigung zu
erhalten, dass das Leben hässlich ist."

„Wer Anderen eine Grube gräbt,
sollte sich nicht ärgern, wenn der Andere in
der gegrabenen Grube Gold findet."

Der rote Guru meint:

„Alte Katzenweisheit:
Wer sich selbst am Po lecken kann,
sollte dies nicht bei Anderen machen."

„Ich schnurre, also bin ich."

„Wie kann das verloren sein, was
nicht gewonnen werden kann
und stattdessen einfach ist?"

„Wenn du die Welt verändern
möchtest, gibt es nichts
Leichteres als das.
Fange bei dir selbst an.
Ändere dich selbst."

„Wer keinen Zweifel kennt,
dem wird wahrlich so gut wie
alles gelingen."

„So mancher Sturm ist nötig,
um das freizulegen, was im
Verborgenen lag."

Der rote Guru meint:

„Du glaubst nur das, was du siehst?
Bedenke, dass du nur das
sehen kannst,
woran du glaubst!"

„In des Löwen Augen spiegelt
sich die Welt eines Löwen."

„Würde die Blume über alles
Mögliche nachdenken, wäre es ihr aus
Kraftlosigkeit nicht mehr
möglich zu blühen.
In der Einfachheit aller Dinge
liegt die größte
Möglichkeit des Wachstums."

„Wer die Sonne im Wasser findet,
wird selbst im Eis
die Liebe erwecken.“

Der rote Guru meint:

„Was ist schon die Sonne im
Vergleich zur Liebe?
Nur ein kleiner Funke,
der Licht und Wärme schenkt.“

„Wenn du den Frieden ersehnst,
dann sei bitte friedlich.“

„Es stellt sich nicht die Frage,
wann wir in den Himmel kommen,
sondern vielmehr,
warum wir ihn verlassen haben.“

„Menschen, die den Verstand
verloren haben,
sind der Wirklichkeit näher
als jemals zuvor.“

„Die wertvollsten Momente des
Lebens sind durchaus die Momente,
die wir nur mit unseren überaus
geliebten Menschen teilen."

„Es gibt nichts Schöneres, als nichts tun zu
müssen und dennoch etwas tun zu wollen."

Der rote Guru meint:

„In allem Geheimnisvollen liegt der Schlüssel für neue Gedanken verborgen, die dich an Orte bringen, an denen du zuvor noch nie warst."

„Die Liebe ist nur so stark, wie du schwach sein kannst."

„Wenn der Verstand spricht, wird er oft in deinem Gegenüber das "Schlechte" suchen und nicht selten zur Sprache bringen. Wenn dein Herz spricht, wird es voller Güte das zur Sprache bringen, was du auch in dir selbst liebst und ansonsten schweigen."

„Wie kannst du erwarten, dass sich etwas ändert, wenn du weiterhin alles so machst, wie du es immer gemacht hast?"

„Wie willst du mit Anderen zurecht
kommen, wenn du noch nicht mal
mit dir selbst klar kommst?"

„Du denkst zu glauben, dass du weißt, wer du
bist und bist, weil du glaubst zu wissen, wer
du bist, der, der du zu glauben scheinst."

Der rote Guru meint:

„Was deine Gefühle angeht, kann dir jeder
nur das geben, was du bereits hast - tief in dir
und zu jeder Zeit. Alles, was andere können,
ist deine Gefühle anzusprechen, sie zu
aktivieren und sie zu beleben -
doch das kannst du auch ganz alleine."

„Wollt ihr weiterhin so stumpfsinnig
sein und jeden Boten für seine
Nachrichten töten oder wollt ihr endlich
einmal etwas tiefer schauen und erkennen,
was diese Nachrichten eigentlich bedeuten?"

„Verzweifle nicht zu oft.
Manchen ist erst dann
wieder zu helfen, wenn sie
bereit sind, sich selbst zu helfen."

„Vielleicht fängst du erst einmal damit an, dir Leute auszusuchen, die viel lieber mit dir schmusen, als ständig mit dir kämpfen wollen. Schau dir einfach an, worum es dir in deinem Leben bisher ging. Die Feststellung, dass du selbst unbewusst immer diese Menschen zum Kampf gewählt hast, ist nicht das Problem. Es wird erst dann zum Problem, wenn du sie weiterhin wählst, nachdem du es erkannt hast."

Der rote Guru meint:

„Viele laufen übers Wasser und
nehmen es nicht als solches wahr.
Es sind ihre eigenen Tränen des Schmerzes,
über die sie ständig wandeln."

„Das Leben wird vom Licht
angezogen und strebt stets danach,
es auch zu erreichen."

„Das was dir am Ende fehlen wird, ist bereits
dein größter Schatz in der Gegenwart –
deine Zeit.
Nutze sie weise und schaue, was dir mehr
wert ist – Materielles, Geld oder deine Zeit."

„Glaubst du wirklich, dass du mit deinem Denken, verankert in der Vergangenheit, zu einer neuen Lösung in der Zukunft kommst? Glaubst du, dass du mit den immer gleichen Fehlern tatsächlich irgendwann einmal erfolgreich sein wirst? Glaubst du nicht auch, dass nur ein neues Denkmuster bzw. ein neues Bewusstsein für die Dinge um dich herum tatsächlich etwas Neues bewirken kann?"

Der rote Guru meint:

„Du wärst ganz schön verrückt, wenn du
unbedingt normal sein möchtest.
Ich kenne kein Sandkorn am Strand, was so
sein möchte wie die meisten anderen
Sandkörner um sich herum, nur um sich
selbst normal nennen zu können. Sei einfach
so, wie du wahrlich und tief in dir bist.
Dafür braucht es keine Definition."

„Die Menschheit ist ein Volk,
welches sich zu verstehen versucht, doch
dabei nicht im Geringsten bereit ist, von den
alten und bekannten Ansichten und
Meinungen zu rücken. Ein Volk, welches sich
nicht wirklich verstehen kann, weil es noch
nicht einmal ansatzweise versteht, wer da
eigentlich verstehen möchte."

„Wer die Wahrheit sucht, sollte nicht
weiterhin die Lüge leben."

„Alles, was dir jemals sehr viel
bedeutet und dich sehr bewegt hat, wirst du
niemals vergessen. Es ist viel mehr als eine
Erinnerung – es ist eher ein visuelles Gefühl."

„Wenn das Falsche das Echte sucht,
wird es auch das echt Falsche finden."

Der rote Guru meint:

„Ankommen kannst du nur in der materiellen Welt. Deine innere Welt befindet sich dagegen in ständiger Bewegung und ist stets darauf ausgerichtet, das Bestmögliche zu erleben. Wer dort anzukommen versucht, wird sich ein Leben lang selbst hinterherlaufen."

„Ich suche den perfekten Partner - für was, weiß ich auch nicht genau. ...Und das Universum schickt dir einen Partner für - ich weiß auch nicht genau, wofür. Wunderst du dich noch oder bestellst du schon bewusst?"

„Wer sich selbst so fern ist, kann Anderen nicht wirklich näher kommen."

„Was du tust,
erinnert dich auch daran,
wer du bist."

Der rote Guru meint:

„Augen zu, Herz auf und dann ab dafür."

„Menschen, die in tiefe Ohnmacht verfallen
sind, beugen sich oft bedingungslos
der Vergangenheit."

„Es sind mehr Menschen auf der Flucht, als
du vielleicht annehmen magst.
Die Einen sind auf der Flucht vor sich selbst,
die Anderen auf der Flucht in ein besseres
Leben, bedingt durch Andere.
Wohin die Flucht auch führen mag, sie wird
in einer Sackgasse enden, wenn nicht das
Wichtigste mitgenommen wurde -
sich selbst, in reinster Wahrhaftigkeit."

„Versuch das Leben so zu verstehen,
wie du es selbst verstehen kannst und
nicht so, wie es von dir verlangt wird."

Der rote Guru meint:

„99% aller Menschen sehnen sich nach Ruhe
und Frieden und dennoch kommt es ständig
zu Kriegen und unnötiger Gewalt.
Wie kommt das?
Weil weiterhin Jene frei agieren können,
die es sich nicht anders wünschen und
dadurch profitieren – das eine Prozent.
Leute, packt euch mal kräftig an die eigene
Nase, damit ihr erwacht."

„Wenn die Horde von Schafen endlich mal
die gleiche Wiese ansteuern würde,
dann hätte selbst der Schäferhund
vor ihnen Angst, der sie bewachen soll."

„Nichts existiert wirklich für dich,
worüber du nicht auch nur einen
Gedanken verlierst."

„Du suchst ständig nach dem,
was du selber nicht hast oder bist.
Doch was du nicht bist,
kann dir auch niemand geben.
Daher ist so manche Suche eher sinnlos.
Sei einfach selber das, was du suchst.
Dann wirst du auch schnell
feststellen, dass du gar
nicht mehr so viel suchst
oder brauchst."

Der rote Guru meint:

„Jede Talfahrt schenkt dir im Grunde auch
genug Schwung, um wieder auf
den nächsten Berg zu kommen."

„Der einfachste und direkteste Weg eine
friedvollere Welt zu verwirklichen, ist auf
eine friedvolle Ernährung umzusteigen,
die nicht nur auf Eigennutz und die
Bequemlichkeit ausgerichtet ist,
sondern vielmehr auf den
persönlich realisierbaren Frieden."

„Das Leben strebt in der Regel nach dem
Licht. Nur der Mensch strebt nach Geld,
Anerkennung und einer anerkannten Position
in der Gesellschaft. Alles nur aus einem
Grund: weil er sich oft von seinem Verstand
fehlleiten und verführen lässt."

„Du bekommst nicht immer alles sofort und
direkt. Manchmal muss zuerst einmal
das Eis deines Herzens schmelzen.“

„Echte Männer und Frauen
sind sehr oft falsch.“

Der rote Guru meint:

„Falls du Positives erleben möchtest,
werde selber positiv und
streife das Negative von dir ab."

„Das Leben ist doch gar nicht so kompliziert.
Sehe es einfach als Gleichung.
Stell dir einen großen Kochtopf vor, in den du
das an Zutaten rein schmeißt, was du von dir
geben kannst. Erwarte danach nicht,
dass die Suppe plötzlich ganz anders
schmeckt, als die Summe aller
Zutaten, die du in den
Topf geschmissen hast."

„Dein Weg wird sich ändern,
wenn du ihm nicht mehr
in gewohnter Weise folgst
und dich selbst änderst."

„Möge der Mensch den größten aller Feinde besiegen - den Feind in seinem Inneren."

Der rote Guru meint:

„Wie willst du das Glück denn erkennen,
wenn du bisher bereitwillig nur den Mist
geschluckt hast?
Ohne dich darüber zu informieren,
was Andere als Glück bezeichnen,
könnte es auch direkt vor dir stehen
und du würdest es nicht erkennen."

„Deinen Traum musst du nicht gleich
aufgeben bei jedem Hindernis auf deinem
Weg. Wenn du ein Ziel nicht auf deinem
geplanten Weg erreichen kannst,
so nehme einen anderen Weg."

„Das ganze Leben spricht nur über dich
und wenn du es tatsächlich schaffst,
dich an ihm direkter zu beteiligen,
dann wirst du es auch zu deuten wissen."

„Kopfmenschen sind oft wie laufende Computerprogramme, die auf gewisse Dinge immer gleich reagieren. Bei ihnen ist oft deutlich zu erkennen, wo gedrückt werden muss, damit sie umschalten."

„Wer seine eigenen Gedanken nicht ändern kann, wird sehr oft verzweifelt die Veränderung in seinem Leben suchen."

Der rote Guru meint:

„Was oft als Bildung verkauft wird, ist
genauer betrachtet eher eine Abbildung.
Eine Kopie von dem Wissen, welches als
Bildung anerkannt ist und jeden, der es nutzt,
zu einer Kopie des Systems macht."

„Lebt, was ihr euch wahrlich ersehnt
und nicht das,
was ihr ständig befürchtet."

„Es gibt deine Intelligenz,
die dich durchs Leben führt und es gibt die
Intelligenten, die dich durch dein Leben
führen wollen. Selten ist beides das Gleiche.
Du entscheidest, was dir wichtiger ist -
dein individuelles Leben
oder ein Leben in einem
vorgegebenen System,
in dem du funktionieren sollst."

„Deine Ausrichtung
bestimmt deine Realität.
So einfach ist das."

Der rote Guru meint:

„Die dümmsten Menschen unter uns
sind wirklich Jene,
die tatsächlich glauben,
alles zu wissen.
Sie erscheinen völlig starr
und scheinbar tot."

„Solange du glaubst, dass die Zeit alle
Wunden heilt, hast du deine seelischen
Wunden noch nicht einmal ansatzweise
kennengelernt. Seelische Wunden haben mit
der Zeit nichts zu tun - darum musst du dich
selbst kümmern."

„Die einfachste Art und Weise die Welt zu
verbessern, ist einfach so zu sein, wie du bist
und nicht nur so, wie du sein solltest."

„Es ist völlig unwichtig, was Andere von dir halten, solange du dich selbst erkennst und weißt, was du von dir selbst hältst.
Wenn du Jemandem gefallen solltest, dann ganz sicher dir selbst. Falls du mit dir selbst gut auskommst, dann werden sich auch immer Mitmenschen finden, die so ähnlich empfinden wie du selbst.
Du musst dich nicht anpassen, sondern einfach das Passende zulassen.“

Der rote Guru meint:

„Wenn die Wahrheit schmerzt,
ist es für dich noch eine Lüge."

„Angst regiert die Welt.
Vergiss das nicht.
Auch dann nicht, wenn dich wieder
einmal die Angst mitreißen und
klein machen möchte.
Die Angst verhält sich oft wie die
Probleme, die nie eintreffen werden.
Die Angst ist äußerst kraftraubend und
meistens völlig überflüssig."

„Mach das Beste daraus – lass das so bleiben,
was nur so sein kann und verändere das,
was verändert werden möchte."

„Jede deiner Entscheidungen
bringt dich auf einen
etwas anderen Weg.
Werde dir stets deiner Macht
in deinem Leben bewusst."

„Es gibt den dunklen Wolf, der die
Zerstörung und das Böse repräsentiert.
Zusätzlich gibt es auch einen hellen Wolf,
der für die Hoffnung und das Gute steht.
Welcher Wolf wird auf Dauer überleben?
Richtig, der Wolf, den du ständig fütterst."

Der rote Guru meint:

„Wenn du eine Herde von Schafen einzäunst
und ihnen erzählst, dass dies die Wahrheit
und ihr Leben ist, so werden sie es glauben.
Wenn du ihnen zusätzlich noch sagst, dass es
schon immer so war, werden sie noch nicht
einmal den Mut aufbringen,
deine Worte zu hinterfragen."

„Was ist besser als ein Bote mit einer
wichtigen Nachricht, den auch
so schon jeder von uns darstellt?
Ein bewusster Bote, der auch die Macht
seiner Botschaften erkennt."

„Nichts kann die Welt mehr verändern,
als jeder Einzelne von uns."

„Die Liebe ist das Einzige,
was uns niemals ausgehen wird."

„Oft ist die Frage viel wichtiger
als die Antwort."

Der rote Guru meint:

„Dummen Menschen kannst du nichts sagen,
denn sie glauben ernsthaft, schon alles zu
wissen. Kluge Menschen wissen,
dass sie gar nicht alles wissen
können und lassen sich auch
gerne etwas sagen."

„Vielleicht ist es ja so, dass *echte* Frauen
bewusst oder unbewusst nach den *falschen*
Männern suchen, um sich weiterhin
echt fühlen zu können?"

„Stell dir vor, jemand erzählt Blödsinn und
sehr viele glauben es, weil sie es nicht prüfen.
Dann nehmen Jene freiwillig diesen Mist in
den Mund und verbreiten ihn mit dem
entsprechenden Atem durch die Welt."

„Etwas zu tun, was sehr viele tun, heißt noch lange nicht, dass es richtig ist."

Der rote Guru meint:

Er: „Die Anderen sind schuld!"
Max: „Das haben die Anderen
bestimmt auch gesagt."
Er: „Und weiter?"
Max: „Du bist selbst die Anderen.
Solange du dich nicht selbst in
deinem Leben erkennst, nimmst du gerne die
Anderen weiterhin als Sündenbock."

„Stärke zu zeigen, bedeutet nicht eine noch
dickere Maske aufzusetzen, sondern einfach
mal Schwäche zu zeigen. Schwäche, die
gelebt werden möchte, damit die wahre
Stärke - die Menschlichkeit - wieder
Nährboden finden kann."

„Falls der Mensch wirklich einen freien
Willen besitzt, verstehe ich nicht,
warum er sich so oft in Kriege
(Privat, wie auch Global) verstrickt?"

„Falls du einen Mixer im Kopf hast,
dann brauchst du nicht den nächst besseren
Mixer, der noch mehr zerstückeln kann,
sondern einen Stromausfall, der dich
endlich zur Besinnung bringt."

„Irren ist menschlich.
Doch so mancher Irre
wirkt gar nicht mehr so menschlich."

Der rote Guru meint:

„Falls du wirklich wach bist,
bekämpfst du nicht die Wirkung,
sondern die Ursache."

„Wenn du nur Bahnhof verstehst,
sei wenigstens so mutig, in den Zug
der Ungewissheit zu steigen,
damit du bei der Ankunft
mehr verstehen kannst."

„Es geschieht so viel Schlimmes auf der
Welt, weil die Meisten sich innerlich
längst damit abgefunden haben.
Viele rechnen sogar stets damit,
was die negative Energie der
Welt sogar noch verstärkt."

Der rote Guru meint:

„Sei selbst das,
was du dir für die Welt wünschst.
Wenn du dir Frieden wünschst,
dann sei friedlich.
Wenn du dir Liebe wünschst,
dann sei liebevoll.
Wenn du dir Reichtum wünschst,
dann fühle dich innerlich reich,
anstatt leer und leblos.
Wenn du Veränderung in deinem Leben
ersehnst, dann ändere dich.
Wenn du dir eine faire Welt wünschst,
dann sei fair zu allem, was dich umgibt
und natürlich auch dir selbst gegenüber.
Wenn du gut behandelt werden möchtest,
dann behandle das Leben fair
(Natur, Tier, Mensch).
Richte deinen Blick auf dich selbst,
anstatt immer nur nach Außen.
Erkenne deine Position,
dein Handeln, dein Denken und
die entsprechende Resonanz darauf."

„Menschen, die ihr Herz nach
einer sehr langen Zeit wieder öffnen,
sollten sich nicht über den Schmerz wundern,
den dieser Vorgang mit sich bringen könnte.
Es ist der Rost der Vergangenheit, der im
Schmerz der Gegenwart zu Boden fällt und
oft Erinnerungen weckt, die noch heute nach
Frieden suchen."

„Oft sind die Früchte schöner
als der Baum, an dem sie wachsen.
Oder wie Mann/Frau sagen könnte:
Was nützt ein schöner Körper,
wenn seine Früchte giftig sind?"

Der rote Guru meint:

„Menschen, die nicht an das Karma glauben, werden schnell feststellen, dass sie es zu spüren bekommen, sobald sie sich auf Knien befinden. Ab diesem Zeitpunkt geht es ganz schön tief Hinten rein."

„Kein Baum der Welt wurde in seiner vollen Größe geboren. Zu Beginn ist er ein kleiner Samen, der über die Zeit zu seiner ganzen Größe findet. So ist es auch mit dem Glück. Wenn du es nicht in den kleinen Dingen findest, wirst du es sehr schwer haben, das große Glück jemals zu erleben."

„Menschen, die sich tiefgründig mit dem Leben auseinandersetzen und es ansatzweise verstehen, werden sehr schnell feststellen, das alles relativ erscheint."

„Denkt mehr an UNS (Tiere),
und nicht immer nur an EUCH."

„Menschen, die sich in ihrem Umfeld nicht
wohl fühlen, sollten nicht von ihrem Umfeld
verlangen, das es sich ändert, sondern dafür
sorgen, dass sie sich selbst ändern,
oder einfach woanders ihr Glück suchen."

Der rote Guru meint:

„Mit der Vergangenheit
abzuschließen, bedeutet bereit
für die Zukunft zu sein."

„Den größten Fehler, den
du machen kannst,
ist die Liebe aufzugeben."

„Der erste Schritt in die Freiheit besteht darin,
die eigenen inneren Ketten zu sprengen.
Schaue genau auf das, was dich fesselt!
Meistens sind es deine eigenen Gedanken.
Wenn dich schon deine Gedanken an alles
mögliche binden und du ihnen blind folgst,
wie kannst du dann frei sein?"

Der rote Guru meint:

„Wenn sich die Gegebenheiten um dich
herum verändern, erkennst du oft,
dass du dich nicht mehr in ihnen
erkennen kannst."

„Wenn du wissen willst, wie
zivilisiert eine Kultur ist, dann schaue
darauf, wie sie Tiere, die Umwelt
und sich gegenseitig behandeln."

„Fehler zu machen ist erst dann
richtig dumm, wenn sie zur Gewohnheit
werden. Alles andere sind normale Vorgänge,
um sich besser kennenlernen zu können.
Ohne Fehler, keine Weisheit."

„Eine sinnvolle Beziehung erkennst du
daran, dass sie dich stärkt."

„Um positiv zu leben, reicht es nicht aus,
nur positiv zu denken. Viel wichtiger
ist es, positiv zu sein."

„Der Herbst zeigt uns jedes Jahr aufs Neue,
was es heißt, längst Abgestorbenes
in Leichtigkeit loszulassen."

Der rote Guru meint:

„Wenn es ein sinnvolles Ziel gibt,
dann ist es unsere Mitte.
Dort lohnt es sich anzukommen
und so oft wie möglich zu verweilen."

„Solange du ein Problem mit dem Montag
hast, hast du noch ein viel
größeres Problem. Deinen Job."

„Wenn der Mensch die
Vergangenheit loslassen könnte, hätte er
schon sehr bald seinen ersehnten Frieden."

„Oft geht es gar nicht um die
Anderen, sondern vielmehr darum,
was du aus den Anderen machst."

Der rote Guru meint:

„Solange du hier bist und als
Mensch das Leben erlebst, wird jedes Ende
auch ein Neubeginn bedeuten. Das Einzige,
was dich an die Vergangenheit kettet, sind
deine Gedanken, tief gebunden an deine
Gefühle. Das Einzige, was dich aufhalten
kann, bist du selbst. Du kannst jederzeit
das hinter dir lassen, was sich
bereits hinter dir befindet."

„Wenn du bereit bist, sind es die
Dinge und Situationen auch."

„Hinter dem direkten Weg verbirgt sich
oft die Wahrheit und somit auch der
mögliche Schmerz der Ablehnung.
Das wird auch der Grund dafür sein,
dass sich so viele für den Weg des
Schweigens und Hoffens entscheiden."

„Mit Gedanken wirst du kaum etwas retten können, sondern nur mit deinen Taten, die sich jenseits deiner Gedanken befinden."

„Wer wirklich nach Fehlern sucht, wird sich oft selbst in ihnen finden."

Der rote Guru meint:

„Monster werden nicht geboren.
Sie werden erschaffen."

„Angst, Angst, Angst - überall die Angst.
Wo die Angst ist, kann keine Liebe sein.
Ob es um die Eifersucht, die Angst vor dem
Versagen oder einfach nur die Angst vor dem
Tod ist. Wo die Angst ist, weicht die Liebe."

„Du bist der Garten deiner eigenen Realität,
in dem alles wächst, was du pflanzt."

„Viele denken, dass sie gegen
Andere kämpfen und merken dabei gar nicht,
wie sehr sie sich selbst ins Visier nehmen.
Es gibt so viele Kämpfe, die nicht
gegen andere gerichtet sind, sondern
vielmehr gegen sich selbst."

„Es gibt keine dumme Fragen.
Nur dumme Antworten."

„Im Geiste gibt es unglaublich viele
Flüchtlinge. Anstatt die Zäune in ihrem
Geist zu errichten, die sie sich in der
physischen Welt auch für andere wünschen,
verzichten sie lieber darauf, nur um noch
tiefer in ihr eigenes Abseits
flüchten zu können."

Der rote Guru meint:

„Versucht es mal mit dem
DAFÜR SEIN,
anstatt nur aktiv zu werden,
wenn ihr DAGEGEN SEID."

„Manchen Menschen brauchst du
lediglich das Wort *Stuhl* zu sagen und sie
fangen sogleich an den Raum zu entwerfen,
in dem er stehen könnte."

„Lasse die Fragen los, die dich daran
hindern, deine Antworten zu finden."

„Musik ist die Sprache der Seele und
sie schwingt mit ihr im Einklang das
Lied der Vergangenheit und der
Gegenwart - in der Hoffnung, sich in der
Zukunft erneut zu begegnen."

„Solange das Ende noch nicht
geschrieben wurde, befindest du dich auf
deiner Reise. Wirklich ankommen wirst du
nur einmal in deinem Leben."

„Alles, was du genommen und
nicht zurück gegeben hast,
wurde für immer genommen."

Der rote Guru meint:

„Wir schweben mit der Erde wie ein
Staubkorn durchs Universum und glauben
tatsächlich so viel zu wissen.
Hörst du auch Gott lachen?"

„Die schönsten Dinge im Leben
teilt man, und das von ganzem Herzen."

„Ohne dein Herz würde dein Leben enden.
Wird dein Herz gebrochen, stirbt auch ein
Teil von dir. Zugleich wird auch etwas
Neues in dir geboren. Dein Herz ist im
Grunde wichtiger als dein Hirn.
Es gibt genug Menschen, die beweisen,
dass es auch ohne Hirn möglich ist zu leben.
Doch zu leben, ohne ein Herz zu besitzen,
ist echt schwierig."

Der rote Guru meint:

„Die Meisten sehnen sich nach der Wahrheit,
doch kaum jemand von ihnen ist bereit,
diese Wahrheit zu empfangen.
Es geht also meistens um eine
nach Außen gerichtete Wahrheit,
fernab von einem Selbst.“

„Es rechtfertigt sich meistens nur jener, der
innerlich weiß, dass er etwas getan hat, was er
nicht tun sollte (um es weiterhin tun zu
können). Alle anderen tun es mit gutem
Gewissen oder lassen es eben aus
jenem Grund bleiben.“

„Zwischen der Vorstellung von dem,
was sein sollte und deiner wahrgenommenen
Wirklichkeit befindet sich deine tatsächliche
Menge an Liebe, die stets das Beste aus dem
macht, was wahrlich ist.“

„Am schönsten ist es, sich zu verstehen,
ohne auch nur ein Wort zu sagen."

„Menschen ändern sich, doch die Liebe
bleibt so, wie sie ist. Daher ist es egal, in
welche Richtung sich die Menschen
auch verändern mögen –
solange sich ihre Liebe nicht verändert."

Der rote Guru meint:

„Eine Blume muss nicht blühen,
um von Gott geliebt zu werden.
Eine Blume wird von Gott geliebt,
weil sie blühen kann.“

„Wer immer nur im gleichen Umfeld
herumstolpert, muss nicht darauf hoffen, viel
Neues zu entdecken. Neues gibt es zur
Genüge, doch eben auf Wegen, die sonst nie
genommen werden.“

„Die Meisten von uns sehnen sich nach
Veränderung. Doch die Wahrheit ist, dass
ebenso viele unglaublich viel Angst vor ihr
haben. Das ist auch der Grund, warum
letztendlich vieles so bleibt, wie es ist.
Weil die Angst größer ist
als der eigentliche Wunsch.“

„Wenn du die Menschen in ihrer Tiefe
erreichen möchtest, darfst du nicht selten
zuerst gegen ihre Angst kämpfen. Wenn du
sie durchbrechen kannst, sind sie vielleicht
gewillt, dich wahrlich anzuschauen und
deinen Worten ihren Glauben zu schenken."

„Die Welt ist heute mehr ein Ort,
bestimmt durch tiefe Angst und Zweifel,
anstatt ein Ort der reinen Liebe."

Der rote Guru meint:

„Ein Leben lang bekommen wir von allen Seiten erklärt, wie der Hase läuft. Bis wir dann irgendwann selbst feststellen, dass Hasen gar nicht laufen, sondern hoppeln."

„Oft ist das Problem auch zugleich der Mensch, der es als Problem benennt. Oder besser gesagt, seine Einstellung, die es erst zum Problem machte."

„Viele wollen sich verändern und bedenken dabei nicht, dass es in ihrem Fall eine neue Lebenseinstellung bedeuten würde, die nicht nur die EINE SACHE betrifft, sondern gleich sehr viel mehr mit sich bringt. Alles ist mit Allem verbunden und so bringt selbst die kleinste Änderung vieles, was mit dazu gehört, gleich mit in die Veränderung."

„Wenn du etwas verändern möchtest, dann verlasse das wohl bekannte Gewässer, in dem du dümpelst. Das hat die Evolution schon immer so gemacht."

Der rote Guru meint:

„Der Mensch - die Krone der Schöpfung.
Eine selbsternannte Krone, die nicht selten
viel zu groß gewählt wurde und somit über
den Kopf bis ganz nach unten rutscht.
So bildet sie zugleich eine Fußfessel, die ihn
weder vor noch zurück schreiten lässt."

„Der Mensch. Oft denkt er sich alles im
Vorfeld kaputt und dann zieht er gleich
danach noch darüber her, ohne auch nur
einmal unvoreingenommen an die Sache
heran gegangen zu sein."

„Manche wollen die Welt verändern und
schaffen es noch nicht einmal, ihre
Gewohnheiten zu ändern. Alleine damit
könnten sie die Welt schon um
einiges besser machen."

„Sobald es etwas schwerer wird und damit in neue unbekannte Gebiete führt, machen es sich viele sehr leicht. Sie verschließen sich und lassen die Gedanken fallen. Sie bleiben lieber dort, wo sie sich auskennen. Und wenn dort der Schmerz so vertraut wirkt, schütteln sie ihm lieber weiterhin die Hand, anstatt den Mut und die Zeit zu finden, sich ein Stück weit selbst zu befreien, indem sie einfach einmal etwas anderes versuchen."

Der rote Guru meint:

„Das Leben ist wie ein Gummiboot!
Manchmal muss etwas frische Luft
nach gepumpt werden,
damit es nicht untergeht."

„99% der Menschheit hofft darauf, dass
jemand anderes anfängt, die Welt zu
verbessern und übersieht dabei,
dass alles bei einem selbst anfängt."

„Lass deine Gedanken frei. Damit ist nicht
gemeint, du solltest ihnen freien Raum dafür
schenken, um machen zu können, was sie
wollen. Ich meinte, dass du sie loslassen
sollst. Halte nicht an *was, wäre, wenn*
Gedanken fest. Verweile nicht so oft in längst
staubigen Gedanken, da sie schon so weit
hinter dir liegen. Lass deine Gedanken frei
und konzentriere dich lieber auf
das Hier und Jetzt."

„In der heutigen Zeit erleben viele Menschen das Gefühl der Machtlosigkeit.
Sie haben das Gefühl, bis zum Hals im Wasser zu stehen und hoffen darauf, dass sie die Flut überleben werden. Diese Angst macht sie zudem oft handlungsunfähig und sehr träge. Sie schauen und hoffen, anstatt einfach zu handeln."

Der rote Guru meint:

„Manche haben den Mut, die Wahrheit zu
sagen. Bei Jenen, die sie bewusst zu
vertuschen versuchen, wird die Wahrheit
irgendwann für sich selbst sprechen.
Früher, oder später."

„Das Mitgefühl kennt keine Grenzen und
fängt nicht erst in der eigenen Familie
oder der Menschheit an."

„Nichts ist wirklich von Bedeutung,
denn du schenkst allem die Bedeutung.
Für einen Anderen mag Jenes,
welches dir so viel bedeutet,
rein gar nichts bedeuten."

„Geboren um zu leben - mit einem Geist belohnt, um leben lassen zu können.
Es gibt so vieles, was Menschen gar nicht tun müssten und dennoch tun.
Leid zu verhindern, sollte ihr Ziel sein.
Und dazu zählt auch, die Natur und das Tier zu berücksichtigen.
Ein Herz fürs Leben.“

Der rote Guru meint:

„Niemand, der auf Erden wandelt(e), hat jemals die Wahrheit über Gott und das Universum gesprochen. Denn beides ist weitaus größer, als jemals von Menschen in vollem Umfang erfasst werden könnte."

„Bist du weiterhin ein Teil des Problems oder schon ein Teil der Lösung?
Es bringt kaum etwas,
wenn du nicht deinen wahren Standpunkt erkennst."

„Oft ziehen Menschen voller Selbsthass Menschen an, die sie auf ihrem Weg unterstützen. Das sind dann die sogenannten Arschlöscher, über die dann im Nachhinein gerne gelästert wird."

„Wir sollten eine Welt erschaffen, in der jeder erneut wiedergeboren werden möchte und nicht eine, in der es nur darum geht, irgendwie da durch zu kommen."

Nachwort

Ich hoffe, dass dir mein erstes Buch gut gefallen hat und du etwas aus ihm mit auf deinen Weg nehmen magst.

Wir alle nehmen unseren persönlichen Weg durchs Leben, den wir einst wählten und auf dem wir bis heute wandeln. Es mag nicht jeder Weg leicht sein und vielleicht haben Andere sogar einen leichteren Weg als du selbst. Wie es auch sein mag. Es ist nicht wichtig, ob dein Weg schwer und mühsam ist, sondern vielmehr, was du daraus machst.

Oft wirkt unser Weg nur so schwer, weil wir ihn so schwer nehmen. Es ist im Grunde oft unsere Einstellung unserem Weg gegenüber, der ihn uns noch zusätzlich erschwert.

Eine negative Einstellung führt oft dazu, dass wir uns selbst in die Knie zwingen. Es lohnt sich also immer, genau zu schauen, ob unser Weg wirklich so schwer ist oder ob wir ihn uns so schwer machen, indem wir schwere Gedanken über ihn formen.

Unser aller Ziel sollte immer die Glückselig-
keit sein. Bei allem was wir tun, sollte es uns
gut gehen. Und wenn es mal nicht so ist, und
es sich vermeiden lässt, sollten wir darüber
nachdenken, es einfach bleiben zu lassen.
Nur, wenn wir ein gutes Gefühl in uns leben
lassen, sind wir fähig, auch etwas Gutes für
uns selbst und die Welt zu tun.

Vergiss also niemals, dass es zuerst dir gut
gehen darf, bevor du überhaupt das Gute in
der Welt - von dem es mehr gibt, als man
vielleicht glauben mag - sehen und berühren
kannst.

In diesem Sinne, wünsche ich dir und deinen
Liebsten nur das Beste.

Dein Max, der rote Guru.

Außerdem erhältlich:

Sonnenträume

Sonnenträume - in diesem Buch vermischen sich Traum
und Wirklichkeit auf besondere Weise. Die ganz
besonderen Sonnen-Fotos nehmen den Betrachter mit auf
eine Reise in die fantastische Welt der Farben und Fantasie.
Die Texte entführen den Leser in die Welt der Poesie,
gleiten mit ihm durch Raum und Zeit und berühren ganz
verschiedene Seiten in ihm. Eine ganz eigene Komposition
der Worte nimmt Sie mit auf einen magischen Weg zu sich
selbst. Öffnen Sie ihr Herz und Ihren Blick für das Leben
und freuen Sie sich auf wärmende Impulse ganz im Zeichen
der Sonne - dem Stern, der uns Leben schenkt.

ISBN 978-3-8423-2589-0
Paperback, 124 Seiten

Abgrund - Die Wunder des Lebens

Als der erfolgreiche Schriftsteller Jack Bender an einem
Punkt in seinem Leben gelangte, an dem er keinen Ausweg
mehr sah, entschied er, sich das Leben zu nehmen.
Dabei erlebte er ein Abenteuer durch Zeit und Raum mit
tiefen Rückblicken in sein Leben.
Abgrund - die Wunder des Lebens ist eine Geschichte über
das Leben und darüber hinaus.

ISBN 978-3-8391-8069-3
Paperback, 120 Seiten

Außerdem erhältlich:

KernGedanken

KernGedanken ist kein Buch, das gefallen möchte und gibt
unverblümt die Gedanken des Autors wieder. Es werden
etliche Themen besprochen und durchdacht, welche unser
Menschsein wahrhaftig ausmachen. Dieses Buch möchte
Sie nicht unterhalten, sondern Sie dazu anzuregen völlig
umzudenken. KernGedanken ist ein Buch, welches Sie
lieben werden oder aus Wut in die Ecke schmeißen
könnten. Dieses Buch wird Ihr Leben verändern.
Es sei denn, es ist nicht so...

ISBN 978-3-8448-1490-3
Paperback, 212 Seiten

Energie Orakel

Das Energie Orakel ist ein besonderes Orakel im
Buchformat. Mit einem leicht anzuwendenden und speziell
für dieses Buch entwickeltes Verfahren ist es sowohl
Neulingen als auch erfahrenen Anwendern möglich, die
eigene Lebensaufgabe besser zu verstehen. Zu den
kunstvoll gestalteten Orakel Seiten bietet Ihnen dieses Buch
zusätzlich eine angemessene Herangehensweise, um
schwierige Lebenssituationen zu erkennen und bedeutende
Veränderungen zu bewältigen.

ISBN 978-3-8448-1637-2
Paperback, 124 Seiten

Außerdem erhältlich:

Weltenbummler

Weltenbummler ist ein Buch für Menschen, die mehr als nur eine Welt wahrnehmen. In 43 Kurzgeschichten werden Sie herzlich eingeladen, sich auf die Reise durch die unterschiedlichsten Welten zu begeben. In abwechslungsreichen Geschichten, angefangen bei der Liebe, bis über den Tod hinaus, werden die wichtigsten Themen des Lebens angesprochen, um Sie so in Ihrer Tiefe besser erreichen zu können. Weltenbummler erzählt von fantasievollen wie auch alltäglichen Geschichten, die Sie nicht selten jenseits von Zeit und Raum führen möchten. Dieses Buch lädt Sie dazu ein, sich in Ihrer eigenen Tiefe zu betrachten. Denn in der Tiefe des Seins, entspringt die Kreativität des Lebens.

ISBN 978-3-7347-6598-8
Paperback, 212 Seiten

Weiter Infos und Neuigkeiten findest du unter:
www.M7-Seven.de

Wir wünschen dir
viel Glück und Erfolg
auf deiner Reise.

Notizen:

Notizen: